FRANKLIN ROOSEVELT
DU NEW DEAL
À LA CONFÉRENCE DE YALTA

— L'émergence d'une superpuissance

par Thomas Melchers

50MINUTES

FRANKLIN ROOSEVELT

- **Naissance ?** Le 30 janvier 1882 à Hyde Park (New York).
- **Mort ?** Le 12 avril 1945 à Warm Springs (Géorgie).
- **Parti politique ?** Le Parti démocrate.
- **Dates des élections ?**
  - Le 8 novembre 1932 ;
  - le 3 novembre 1936 ;
  - le 5 novembre 1940 ;
  - le 7 novembre 1944.
- **Durée du mandat ?** 12 ans.
- **Apports principaux ?**
  - La politique économique du New Deal comme remède à la crise de 1929.
  - L'entrée en guerre des États-Unis aux côtés des Alliés durant la Seconde Guerre mondiale.

Aussi célèbre que George Washington (1732-1799) ou qu'Abraham Lincoln (1809-1865), Franklin Roosevelt est et restera le seul président des États-Unis d'Amérique à avoir été élu à quatre reprises de façon consécutive.

Né en 1882, ce politicien membre du Parti démocrate occupe, dans les années trente et quarante, une place prépondérante tant sur le plan national que sur le plan international. Sa carrière politique débute dans l'État de New York dont il deviendra gouverneur, mais ce sont surtout les actions qu'il entreprend durant ses mandats présidentiels que l'Histoire retiendra. Élu trois ans après la Grande Dépression qui sévit depuis 1929, il met sur pied le New Deal, une politique interventionniste dont les effets relanceront l'économie états-unienne. C'est également sous sa présidence que les États-Unis rompent avec leur politique isolationniste après l'attaque de la base navale de Pearl Harbor en décembre 1941. Après avoir lancé son pays dans la guerre, Roosevelt devient, en tant que commandant en chef de l'armée des États-Unis, l'un des principaux artisans de la victoire des Alliés. À la fin du conflit, lors de la conférence de Yalta (février 1945), il jette les bases de l'Organisation des Nations unies.

Souffrant d'une maladie qui paralyse l'usage de ses membres inférieurs depuis les années vingt, Roosevelt se retire au mois de mars 1945 afin de se reposer. Il succombe le 12 avril, dans sa propriété située dans l'État de Géorgie, d'une hémorragie cérébrale. La mort du 32e président soulève un grand émoi à travers le pays ainsi qu'à l'étranger. Comme la Constitution le stipule, c'est au vice-président Harry Truman (1884-1972) que revient la charge d'assurer la fin de son mandat à la tête du pays, mais aussi de mettre un terme à la guerre.

BIOGRAPHIE

UNE JEUNESSE AU SEIN D'UN MILIEU PRIVILÉGIÉ

Franklin Delano Roosevelt naît le 30 janvier 1882 dans une famille patricienne et aristocrate. Son père, James Roosevelt (1828-1900), est le descendant d'une famille de migrants hollandais arrivée sur le sol américain au XVIIe siècle. Débarquée à la même époque, la famille de sa mère, Sara Ann Delano (1854-1941), possède quant à elle des origines franco-luxembourgeoises. De cette dernière, très active sur le plan commercial et notamment dans le négoce d'opium avec la Chine, il hérite d'une fortune colossale.

Le jeune Franklin grandit à la fois dans une propriété au cœur de la campagne de Hyde Park située à une centaine de kilomètres de New York, et à l'étranger. C'est notamment au cours de voyages en Europe qu'il apprend le français et l'allemand. À l'âge de 14 ans, son éducation se poursuit non plus aux côtés de gouvernantes, mais dans le Massachusetts, à la prestigieuse Groton School où les devoirs chrétiens, la charité et l'amour de sa patrie lui sont enseignés. En 1889, il entre à Harvard où il obtient un Bachelor of Arts. Il poursuit son cursus en intégrant l'université de Columbia (New York), mais il finit par abandonner ses études de droit par manque de conviction.

Photo de Franklin Roosevelt prise à la Groton School alors qu'il avait 18 ans.

SES DÉBUTS EN POLITIQUE

La carrière de Franklin Roosevelt débute en 1907, alors qu'il intègre, après avoir réussi les examens du barreau de New York, un prestigieux cabinet d'avocats d'affaires de Wall Street afin de subvenir en partie aux besoins de sa famille. Cependant, les tâches qui lui sont assignées ne le passionnent guère.

ELEANOR ROOSEVELT

C'est en 1902, après de nombreuses années de séparation, que Franklin retrouve Eleanor (1884-1962), la nièce de Theodore Roosevelt, lors d'une soirée mondaine à New York. Cette jeune femme, qu'il côtoie à plusieurs reprises durant cette même année, n'est autre qu'une lointaine cousine. Eleanor appartient, à l'instar de son oncle, à la première branche des Roosevelt, celle qui vient d'Oyster Bay, tandis que Franklin est l'un des descendants de la seconde, celle originaire de Hyde Park. Leur ancêtre commun est le fils du premier Roosevelt arrivé dans le Nouveau Monde, Nicholas Roosevelt (1658-1742).
Bien qu'orpheline à l'âge de 12 ans, Eleanor reçoit une éducation dans un prestigieux pensionnat anglais. Elle s'y passionne pour l'actualité, apprend le français et entreprend plusieurs voyages à travers le continent. C'est peu après son retour aux États-Unis qu'elle retrouve Franklin. Leur mariage est célébré le 17 mars 1905 en présence de Theodore Roosevelt. Ils auront cinq enfants.

Sa motivation change du tout au tout en 1910, lorsqu'il est approché par le Parti démocrate pour entrer en politique. Fort du prestige qu'incarne son nom et de la fortune dont il hérite, Franklin apparaît comme le candidat idéal aux yeux du parti. Suite à une campagne originale, il est élu sénateur de l'État de New York en 1911. Cette première expérience est marquée par la lutte contre la corruption de certains membres du Parti démocrate, un combat qui a attiré l'attention de Woodrow Wilson (1856-1924), un démocrate élu il y a peu à la tête des États-Unis.

De la marine aux élections à la vice-présidence

En mars 1912, Roosevelt démissionne de son poste de sénateur pour suivre Wilson à Washington D.C. et devient secrétaire adjoint à la marine (1913-1921). Passionné par tout ce qui touche à la navigation, il est captivé par cette fonction et s'intéresse aux questions internationales, même s'il ne partage pas les sentiments pacifiques du Gouvernement Wilson lorsqu'éclate la Première Guerre mondiale (1914-1918). C'est dans le cadre de cette fonction, alors qu'il se rend sur le front pour inspecter les forces navales états-uniennes, qu'il fait la rencontre de Winston Churchill (1874-1965), alors ministre de l'Armement.

Portrait de Franklin Roosevelt réalisé en 1913 alors qu'il était secrétaire adjoint de l'US Navy.

En 1920, après avoir dirigé le démantèlement des bases navales en Europe, Franklin Roosevelt est désigné comme candidat démocrate à la vice-présidence. Le parti espère profiter de la renommée qu'il a acquise durant la guerre. Toutefois, c'est le « retour à la normale » prôné par le candidat républicain qui triomphe ; Warren Harding (1865-1923) remporte une victoire sans appel sur le candidat démocrate, James Cox (1870-1957).

Un chemin semé d'embûches vers le gouvernorat de New York

Après la défaite des démocrates, Franklin Roosevelt reprend sa carrière de droit et dirige un cabinet d'avocats d'affaires new-yorkais. C'est à cette époque qu'il contracte une maladie qui l'affectera tout au long de sa vie. En 1921, alors qu'il séjourne en famille dans sa propriété de Campobello (Canada), il est victime d'un mal dont les effets paralysent ses membres inférieurs ; les médecins lui diagnostiquent une poliomyélite.

LA PARALYSIE DES MEMBRES INFÉRIEURS

Bien que certains prédisent qu'il recouvrera l'usage de ses membres, il n'en est rien. Franklin soigne sa maladie en suivant des cures d'hydrothérapie dans sa propriété de Géorgie. Au fil du temps, il apprend à se mouvoir avec son fauteuil roulant en privé, tandis qu'en public il utilise des attelles orthopédiques et des cannes pour se déplacer tout en s'accrochant au bras de l'un de ses fils ou plus tard à celui de l'un de ses conseillers.

Des études récentes tentent à démontrer que Roosevelt n'était pas atteint de poliomyélite, mais du syndrome de Guillain-Barré, une maladie auto-immune rare qui s'attaque au système nerveux.

Si Franklin Roosevelt ne s'est jamais totalement désintéressé des affaires du parti durant les années qui ont suivi sa paralysie, il faut tout de même attendre plusieurs années pour qu'il revienne sur le devant de la scène politique. Les élections gubernatoriale et présidentielle de 1928 constituent une étape clé dans sa carrière. Peu après son élection au poste de gouverneur de l'État de New York, Franklin

Roosevelt met au point une politique sociale pour limiter les effets du krach boursier de 1929, avec notamment un programme social, la Temporary Emergency Relief Administration, qui vient financièrement en aide aux chômeurs. Réélu en 1930, Roosevelt devient le plus sérieux opposant du président Herbert Hoover (1874-1964) grâce à la place prépondérante occupée par l'État de New York dans l'échiquier politique américain.

LE 32ᵉ PRÉSIDENT DES ÉTATS-UNIS D'AMÉRIQUE

Le 8 novembre 1932, Franklin Delano Roosevelt est élu président des États-Unis d'Amérique. Cependant, la Constitution stipule qu'il ne peut être investi du pouvoir avant le 4 mars 1933. Pendant cette période transitoire, il s'entoure d'intellectuels, qui formeront ce que l'on appellera bientôt le *Brain Trust*, avec lesquels il met au point une série de mesures visant à endiguer la crise et à amorcer la reprise économique.

LE *BRAIN TRUST*

Tout au long de sa carrière politique, Roosevelt s'entoure de nombreux conseillers. Le premier à rejoindre son équipe est Louis Howe (1871-1936) qu'il rencontre au début de sa carrière. Viennent ensuite s'ajouter Frances Perkins (1880-1965) et Harry Hopkins (1890-1946), deux personnalités qui l'accompagneront à Washington D.C. D'autres conseillers, des universitaires et des intellectuels, grossiront les rangs de son équipe entre son élection présidentielle et sa prise de fonction pour former le *Brain Trust*. Ils joueront un rôle décisif dans l'élaboration de la politique du New Deal.

Le New Deal de 1933 à 1941

Le *New Deal* (la « nouvelle donne ») est le nom donné à la politique économique volontariste, progressiste et interventionniste menée par Franklin Roosevelt. Cette politique s'ouvre par l'adoption de

15 nouvelles lois prises en urgence durant les 100 premiers jours de sa présidence afin d'enrayer la crise. Elles sont suivies par une réforme plus profonde du système économique et plus précisément par la réorganisation des secteurs bancaire, financier, agricole et industriel. La réforme s'attaque ainsi à la surproduction, à la concurrence destructrice ainsi qu'au chômage grâce à la mise en place de programmes sociaux et à une politique de grands travaux publics. Elle œuvre par ailleurs à la restauration du pouvoir d'achat de la population et à la modernisation des conditions de travail. La reprise s'amorce lentement, et le président n'hésite pas à multiplier les dépenses publiques pour diminuer le chômage et stimuler la consommation. Cela aura pour conséquence de faire doubler la dette publique.

Roosevelt, chef de guerre

Vers la fin des années trente, et même s'ils ne se mêlent pas des affaires européennes, les États-Unis aident militairement les démocraties du Vieux Continent. Cette collaboration s'accentue lorsque le Royaume-Uni se retrouve seul contre l'Axe. Ce n'est qu'au lendemain de l'attaque de Pearl Harbor par l'armée nippone, le 7 décembre 1941, que les États-Unis entrent en guerre.

Attaque de Pearl Harbor.

Tout au long du conflit, Roosevelt fait preuve d'un grand leadership et développe ses compétences stratégiques et militaires. Il n'hésite pas à imposer certaines opérations et décisions, comme la capitulation sans condition de l'ennemi. Il ne cesse de rencontrer Winston Churchill et Joseph Staline lors de réunions et conférences à Casablanca, Téhéran et à Yalta au cours desquelles sont décidées le débarquement de Normandie et la création des Nations unies.

La conférence de Yalta, février 1945.

Fatigué et amaigri à la fin du mois de mars, Franklin Roosevelt se retire en Géorgie pour se reposer. Il s'éteint le 12 avril 1945 à la suite d'une hémorragie cérébrale dans sa propriété de Warm Springs. Son décès survient quelques mois seulement après le début de son quatrième mandat et moins d'un mois avant la victoire des Alliés sur le front européen. L'annonce de sa mort suscite une grande émotion à travers le pays et à l'étranger.

Procession funéraire de Franklin Roosevelt.

CONTEXTE POLITIQUE, SOCIAL ET ÉCONOMIQUE

LA POLITIQUE ÉTATS-UNIENNE

De la Grande Guerre au traité de Versailles

Le climat politique des États-Unis est favorable aux démocrates au début des années dix. Woodrow Wilson est élu président de la nation en 1912, alors que les républicains souffrent des divisions internes qui déchirent leur parti.

Bien que la présidence de Wilson mène à l'instauration de nouvelles lois progressistes (loi anti-trust en 1919, droit de vote des femmes en 1920), c'est surtout la Première Guerre mondiale qui animera ses deux mandats. Lorsque qu'éclate le conflit européen en août 1914, le Gouvernement campe sur ses positions en affirmant sa neutralité ; une opinion largement partagée par la population. Tout au long du conflit, les banques états-uniennes prêtent de l'argent aux Européens, soit quelques 2,3 milliards aux Alliés, et 30 millions aux Allemands.

Ce n'est qu'en avril 1917 que les États-Unis entrent en guerre, à la suite de la combinaison de multiples facteurs, comme la guerre sous-marine menée par l'Allemagne contre les navires marchands neutres, parmi lesquels on retrouve quelques navires américains, ou ennemis aux abords des îles britanniques.

Le président Woodrow Wilson posant la question de l'entrée en guerre des États-Unis au Congrès, le 2 avril 1917.

La résolution du conflit est marquée par l'initiative diplomatique de Wilson définie dans ses Quatorze Points. Les discussions qui en découlent servent de base aux négociations de paix qui, une fois amendées, conduiront à l'établissement du traité de Versailles. Parmi les propositions, certaines se veulent révolutionnaires, comme la réduction des armements, la fin de la diplomatie secrète, le droit des peuples à disposer d'eux-mêmes et la création de la Société des Nations qui aurait pour rôle de résoudre les conflits de manière pacifique.

L'aura de Wilson ne cessera de grandir en Europe où il négocie la paix en personne. De l'autre côté de l'Atlantique, la situation est toute autre. Suite aux élections législatives de 1918, les républicains prennent le contrôle du Congrès et s'opposent aux résultats des négociations menées par Wilson. Pour eux, il est temps de se recentrer sur les affaires intérieures (crise économique due à l'inflation entre 1919-1920, nombreuses grèves, peur des bolcheviques), et non de devenir les gendarmes du monde au sein de la Société des Nations, laquelle risque d'ailleurs de s'opposer à la politique extérieure des États-Unis en Amérique latine.

La suprématie républicaine entre 1920 et 1932

Les élections présidentielles de 1920 sont remportées par les républicains, dont le parti restera à la tête du pays jusqu'au début des années trente. Elles sanctionnent également les avancées progressistes, la politique extérieure de Wilson et rejettent l'adhésion du pays au sein de la Société des Nations.

LA POLITIQUE EXTÉRIEURE RÉPUBLICAINE : L'UNILATÉRALISME

Durant cette période, les États-Unis ne s'isolent pas totalement du reste de la planète, mais les rapports avec l'extérieur n'occupent plus le devant de la scène. Il ne faut donc pas y voir une forme d'isolationnisme *stricto sensu*, mais plutôt d'unilatéralisme : les décisions liées à la politique étrangère ne servent désormais plus que leurs propres intérêts.

Ainsi, le non-paiement des dettes contractées par les Alliés lors de la guerre pousse les États-Unis à se mêler des réparations imposées à l'Allemagne au moyen de traités. En effet, l'acquittement des réparations permettra aux Alliés de rembourser leurs dettes.

Parallèlement, afin de garantir l'équilibre des forces navales et d'œuvrer pour la paix, des traités sont signés entre le Royaume-Uni, la France, l'Italie, le Japon et les États-Unis au début des années vingt. Plus tard, en 1928, le pacte franco-américain Briand-Kellogg tente de renforcer la paix en déclarant la guerre hors la loi. De nombreuses nations y adhéreront.

C'est donc le « retour à la normale », slogan prôné par le candidat républicain Warren Harding, qui triomphe. Cette période coïncide avec un repli du pays sur lui-même et avec le retour du nationalisme. Toutefois, Harding est un homme ordinaire qui préfère jouer au golf et au poker plutôt que de s'intéresser aux affaires du pays. Son Gouvernement, composé de ses amis conservateurs et de certains républicains, ne s'illustre guère, à l'exception de l'instauration de mesures protectionnistes dans certains secteurs économiques et du développement d'une politique fiscale socialement inégale. Cette dernière allège en effet les charges des plus riches pour ne pas entraver leurs activités économiques. Harding décède en 1923, sans jamais avoir été inquiété par les scandales de corruption qui éclaboussent pourtant son administration.

Son successeur, le vice-président Calvin Coolidge (1872-1933), qui assure l'intérim à la tête de l'État avant de remporter les élections de 1924, ne fait guère preuve d'une meilleure aptitude à gouverner, mais il jouit d'une grande notoriété. La personnalité de Coolidge est en effet associée à la prospérité du pays ; une notoriété dont bénéficiera le parti républicain jusqu'à la fin des années vingt. Au niveau économique, il est partisan du « laisser-faire » et s'illustre en diminuant la dette de l'État au moyen d'économies budgétaires.

Durant cette décennie, les démocrates du Nord et du Sud s'opposent sur de nombreux sujets comme l'immigration, la religion ou encore la prohibition, des thèmes cruciaux qui empêchent le parti d'avoir un véritable leader pour rivaliser avec les républicains lors des élections présidentielles.

LES *ROARING TWENTIES*

La période qui débute à la fin de la Première Guerre mondiale et qui s'achève lors de la Grande Dépression de 1929 est souvent désignée aux États-Unis comme les *Roaring Twenties* (« années vrombissantes », « années rugissantes »). En Europe, on parle plutôt des Années folles ou des *Golden Twenties*.

Cette décennie se caractérise aux États-Unis par un impressionnant essor économique assurant la prospérité de la nation et par de nombreux changements, que ce soit dans la vie de tous les jours, dans la manière de consommer et de produire ou encore au niveau culturel.

L'essor économique

Entre les années 1919 et 1929, les États-Unis connaissent une croissance économique fulgurante : le PNB passe de 78,9 à 104,4 milliards \$, ce qui correspond à une croissance annuelle de plus de 4 %. Cet essor économique s'inscrit dans la lignée de la seconde révolution industrielle amorcée lors de la seconde moitié du XIXe siècle, qui nous fait entrer dans l'âge de la production de masse. Cette hausse de la productivité s'explique notamment par les innovations technologiques.

L'une d'entre elles repose sur l'énergie et le passage de la vapeur à l'électricité dans les usines. À cela s'ajoute l'organisation scientifique du travail imaginée par l'ingénieur Frederick Taylor (1856-1915), le taylorisme, qui s'appuie sur la décomposition du processus de production afin d'accroître l'efficacité des mouvements de chaque ouvrier. C'est le début du travail à la chaîne.

Le progrès industriel le plus considérable des années vingt s'observe dans l'industrie automobile. Les chaînes de montage spécifiques à l'usine Ford et à l'assemblage de la Ford T permettent à la fois l'explosion de la production automobile (de 1,5 million en 1921 à 4,7 millions en 1929) et une réduction de son prix d'achat. À la fin de cette décennie, un États-unien sur six possède une voiture. D'autres secteurs connaissent également une grande productivité comme la radiophonie, l'aéronautique, la sidérurgie, l'industrie pétrolière ou encore l'industrie cinématographique.

Employés travaillant à la chaîne dans l'usine Ford.

Les années vingt, marquées par le retour des républicains au pouvoir, connaissent une vague de concentration d'entreprises, principalement des concentrations horizontales, alors que les lois anti-trust des gouvernements progressistes antérieurs condamnaient les pratiques anticoncurrentielles. Cette politique, amorcée par le ministre de l'Économie et futur président Herbert Hoover, permet l'établissement de corporations conséquentes grâce à un regroupement des métiers. On assiste à des concentrations au niveau des producteurs électriques et dans l'industrie automobile. C'est ainsi que l'on voit naître les premières holdings et le concept du *big business*, le business mené à grande échelle et concernant des montants titanesques.

Tous les secteurs économiques ne sont pas touchés par cette prospérité. Des secteurs comme les charbonnages, les chantiers navals, le textile et l'agriculture en sont exclus. La situation est pire encore pour ce dernier secteur, qui est souvent en proie à de grosses difficultés dues à la surproduction, à l'effondrement des prix et à l'absence de mesures gouvernementales pour résoudre les crises.

L'avènement de la société de consommation

La prospérité est bien évidemment accompagnée par une hausse de la consommation stimulée par l'augmentation du pouvoir d'achat. Le revenu moyen par personne passe ainsi de 522 à 716 $. Toutefois, cette prospérité est inégale : entre 1923 et 1929, si les profits des entreprises ont grimpé de 62 %, les salaires des ouvriers, eux, n'ont augmenté que de 26 %. Le pays compte de plus en plus de millionnaires, mais il subsiste d'importantes différences de salaires d'un secteur d'activité à l'autre et d'un État à l'autre. Le plein-emploi n'est pas atteint, même si l'on note une diminution du nombre de chômeurs. Malgré ces écarts, la société devient de plus en plus consommatrice, alors que la publicité se répand peu à peu, tant sur les pages des journaux qu'à travers les ondes des stations de radio.

L'APPARITION DE LA RADIO

C'est en 1920 que le poste de radio est commercialisé pour la première fois à Pittsburgh (Pennsylvanie). Dix ans plus tard, 14 millions de familles en possèdent un et écoutent les informations, de la musique, des retransmissions sportives, les discours politiques et le résultat des élections présidentielles. Roosevelt est le premier à utiliser ce médium afin de s'adresser directement à l'ensemble de la population dans le cadre de ses « causeries au coin du feu ». Ce faisant, il informe la population sur les mesures prises par son Gouvernement, notamment lors de la crise économique des années trente. S'adressant à un grand nombre de personnes, il choisit chacun de ses mots avec minutie pour que son discours soit compréhensible par tous et afin de restaurer la confiance de la population.

Le poste de radio ne constitue pas l'unique révolution de la vie quotidienne ; d'autres nouveautés bénéficient de l'arrivée de l'électricité dans les villes pour moderniser le foyer des habitants. Parmi celles-ci, il y a le téléphone, le phonographe, le réfrigérateur, l'aspirateur, le radiateur, le fer à repasser, la machine à laver... autant d'appareils qui allègent les tâches des ménagères. Cette époque est également marquée par une certaine libération des mœurs féminines. La femme désormais plus émancipée, que l'on appelle la *flapper* (ou « garçonne » en Europe), a des cheveux courts, porte des jupes qui ne couvrent pas les genoux et danse le charleston.

Le développement de l'industrie, l'importance accordée aux commerces et le besoin grandissant des services au sein de l'économie sont à l'origine de la croissance urbaine et du réseau viaire. La majorité des États-uniens vivent désormais dans des villes qui ne cessent de croître, tant horizontalement, avec la construction de banlieues modernes et paisibles autour des grandes villes ainsi qu'avec l'extension de l'ensemble des villes moyennes, que verticalement, avec l'édification de gratte-ciel comme l'Empire State Building achevé en 1931, qui restera le plus haut bâtiment au monde jusqu'au début des années soixante-dix. Dans ces métropoles qui ne cessent de se standardiser, certains types d'établissements font leur apparition comme les stations-service et les garages qui témoignent du triomphe de l'automobile, les cinémas et les stades qui font entrer cette société dans l'ère du divertissement.

Bien que certains lieux de divertissement se soient développés avant la guerre, c'est surtout à partir des années vingt qu'ils se popularisent, comme en témoignent le succès de l'industrie cinématographique qui s'installe à Hollywood, l'ampleur de la fréquentation des salles de cinéma (elles passent de 22 à 77 millions de spectateurs par semaine entre le début et la fin des années vingt, ce qui signifie que 80 % de la population se rend au cinéma) et la quantité de films produits chaque année (environ 700). L'industrie musicale n'est pas en reste, puisque les maisons de disques innovent avec la musique country et surtout avec le jazz qui se popularise dans les années vingt.

Une société plus conservatrice

Depuis la fin de la guerre, un courant aux valeurs conservatrices se développe parallèlement à celui de la prospérité, de l'allégresse et de la libération des mœurs. Ce courant qui exalte la morale protestante s'oppose aux influences néfastes de la société moderne, telles que les mœurs dissolues, le communisme, l'athéisme et tout ce qui ne répond pas à un certain idéal états-unien.

Après avoir été dissous en 1870, le Ku Klux Klan (KKK) renaît en 1915 dans le Sud avant de se propager sur l'ensemble du territoire et de compter de très nombreux adhérents. La politique du Klan s'appuie sur un mélange de racisme envers la communauté noire et sur une forme d'américanisme qui s'oppose à tout ce qui met en péril les valeurs traditionnelles du pays, c'est-à-dire les catholiques, les juifs, les communistes et les étrangers issus de l'immigration. Les intimidations et les lynchages sont monnaies courantes. Le Klan s'immisce jusqu'en politique en gangrénant les deux partis et en influençant la gestion de certains États.

Enfin, l'une des mesures les plus connues de cette époque est l'instauration de la Prohibition, avec le XVIIIe amendement de la Constitution en 1919 qui prend effet l'année suivante. Cette mesure est le résultat d'une longue lutte menée par l'Église protestante afin de rendre l'homme meilleur, tandis que les mouvements progressistes y voient un bienfait pour la santé publique et pour la productivité de l'industrie. L'établissement de la Prohibition est repris par des mouvements conservateurs et extrémistes comme le KKK qui l'utilise pour stigmatiser les étrangers adeptes de la boisson tels que les Italiens, les Irlandais et les Polonais. Même si plusieurs États avaient déjà instauré l'interdiction de l'alcool, cet amendement condamne la fabrication, la vente et le transport des boissons ayant une teneur de plus 0,5° d'alcool ; sa consommation n'est cependant pas punie. La Prohibition a pour effet de diviser la société en deux : l'on voit apparaître les *dry counties* du Sud (les « comtés secs ») et les *wet counties* du Nord (les « comtés mouillés »).

La police de Détroit examinant les équipements d'une brasserie clandestine.

Les plus grandes difficultés de la Prohibition résident non pas dans son instauration mais dans son application, les règles variant en fonction de chaque État, ainsi que dans le manque de moyens humains disponibles, d'autant plus qu'une partie de ceux-ci sont corrompus.

La population n'est en effet pas prête à perdre le goût de la boisson, et de nombreux établissements clandestins ouvrent leurs portes, tandis que les personnes aux plus faibles revenus s'adonnent à la fabrication de leur propre alcool, souvent frelaté et dangereux pour la santé. La contrebande ne tarde pas à mettre en place un marché noir : les *bootleggers* (littéralement, « les hommes qui cachent une bouteille dans leur botte ») acheminent les boissons enivrantes depuis le Canada, le Mexique ou encore l'île de Saint-Pierre-et-Miquelon. Le trafic est aux mains du crime organisé, composé de gangs dont les membres sont pour la plupart issus de l'immigration, et dont l'un des plus célèbres représentants est Al Capone (1899-1947). Il faut attendre 1933 et la Grande Dépression pour que l'amendement soit déclaré caduc et que les États puissent prendre librement les mesures qui leur semblent adéquates pour réglementer la consommation d'alcool sur leur territoire.

LA GRANDE DÉPRESSION

L'année 1929 commence avec l'arrivée à la présidence du républicain Herbert Hoover. Cet ancien ministre du Commerce est convaincu de la prospérité du pays et a choisi comme slogan de sa campagne présidentielle « La prospérité se trouve au coin de la rue ». Durant son mandat, il tente d'encourager l'économie et se montre assez confiant. De son côté, le chef de file des démocrates affirme qu'il est possible de devenir riche en économisant 15 $ par semaine. Les États-uniens sont alors persuadés qu'ils vivent une époque formidable où l'euphorie et la prospérité règnent en maîtres. Seuls quelques intellectuels présagent la fin de cette période idyllique.

Dans les années vingt, le boursicotage est devenu une véritable mode. Ils seraient 5,5 millions à jouer en bourse régulièrement. Ainsi, nombreux sont ceux à être gagnés par la fièvre spéculative, convaincus qu'il est possible de s'enrichir rapidement et sans effort grâce aux plus-values conséquentes que rapporte la Bourse de Wall Street. Pour acheter des actions, ils puisent dans leurs économies ou se tournent vers les banques afin de financer leurs achats de titres.

L'effondrement de la Bourse

Avant que le marché ne s'effondre, certains signes, comme la sur-spéculation et l'absence de garantie lorsqu'un crédit est accordé à un particulier, témoignaient déjà de la mauvaise santé de l'économie des États-Unis. Dès septembre 1929, la Bourse vacille, puis chute au début du mois d'octobre avant de connaître un krach trois semaines plus tard.

LE KRACH BOURSIER

Un krach boursier est un événement correspondant à l'effondrement brutal des cours de la bourse suite à un afflux d'ordres de ventes ou à l'explosion d'une bulle spéculative. La bulle spéculative représente un niveau d'échange excessif sur les marchés financiers par rapport à la valeur réelle du produit échangé.

Le krach boursier survient le 24 octobre, une journée passée à la postérité sous le nom de Black Thursday. Seuls deux tiers des 19 millions de titres mis sur le marché trouvent acquéreur. Les prix dégringolent si rapidement que les téléscripteurs ne peuvent retranscrire les cours ; les spéculateurs vendent sans connaître le prix des titres. Le mardi suivant, le 29 octobre ou Black Tuesday, est considéré comme le jour le plus catastrophique et marque la fin du krach. Sur les 30 millions de titres, seuls 16,5 millions sont cédés quel que soit le prix de vente. Malgré la fin du krach, la chute des cours se poursuit tout au long du dernier trimestre. Les pertes totales de l'année sont estimées à 30 milliards $, ce qui représente 10 fois le budget de l'État fédéral !

Le krach a surpris les États-uniens qui, trop confiants, n'imaginaient pas que les cours pouvaient chuter si fortement. La Grande Dépression débute au lendemain du krach et ne s'achèvera qu'en 1941, lors de l'entrée en guerre du pays.

De la crise financière à la dépression économique

L'explosion de la bulle spéculative touche en premier lieu le monde de la finance. Les prêteurs exigent de leurs débiteurs (les spéculateurs et les courtiers) de l'argent liquide, mais ils n'obtiennent que des ordres de vente d'actions dont la valeur a plongé. Les faillites des sociétés d'investissement et des banques se succèdent : entre 1929 et 1932, on en dénombre 5 000. Du jour au lendemain, des millions d'épargnants perdent l'ensemble de leurs économies. La crise bancaire perturbe également l'activité économique en impactant les placements des entreprises.

Les effets de la crise financière provoquent donc un effet boule de neige qui transforme lentement la crise financière en une crise économique. Depuis l'été 1929, la morosité règne au sein de plusieurs secteurs, dont celui de l'automobile et de l'immobilier. Avec le krach boursier, ces secteurs peinent à écouler leurs biens ; la productivité se base sur une demande continue or, une fois équipés, les ménages diminuent leur consommation. Ce constat est renforcé par l'inégalité de la répartition des richesses : le pouvoir d'achat d'une partie de la population est insuffisant pour perpétuer la prospérité des années vingt.

Cette situation provoque des enchaînements en cascade : les entreprises ont de moins en moins de liquidité pour assurer leur fonctionnement ; la productivité décline, ce qui entraîne des réductions de salaires et une hausse des licenciements faute de pouvoir payer les employés ; cette hausse du chômage, qui passe de 4,5 millions de travailleurs inoccupés en 1930 à plus de 15 millions en 1933, provoque une diminution de la consommation ainsi qu'une hausse des stocks et amène les entreprises à déposer le bilan.

La population craint désormais pour son avenir. Des soupes populaires sont à nouveau organisées. Les familles incapables de payer leur loyer sont jetées à la rue tandis que leurs biens sont saisis. Elles n'ont alors pas d'autre choix que de s'installer sur des terrains vagues, où elles construisent des abris de fortune composés de taule et de carton. Leur concentration donne naissance aux bidonvilles, aussi appelés Hooverville, que l'on retrouve partout dans le pays.

Cliché d'un Hooverville situé dans l'Oregon.

La politique de Hoover

Les discours sur la prospérité que Herbert Hoover a prononcés lors de son investiture en 1929 laissent un goût amer au lendemain du Mardi noir. À l'instar de la majorité de la population, Hoover n'a pas vu venir la crise économique ni la Grande Dépression qui s'ensuit. Il n'a en outre pas l'intention d'intervenir, d'une part parce que les initiatives pour résoudre la crise doivent émaner des autorités locales et non du Gouvernement fédéral, afin de ne pas empiéter sur les pouvoirs de ces dernières ; d'autre part, parce qu'il ne souhaite pas interférer dans les libertés individuelles.

Il tente toutefois de rétablir la confiance qui est selon lui l'une des raisons de la crise. Mais malgré de nombreuses promesses et des déclarations sur le redressement, la crise s'aggrave, et la crédibilité du président s'en trouve entachée. En parallèle, il rencontre les patrons des grandes entreprises afin de les encourager à ne pas réduire les salaires des ouvriers et à continuer d'investir. Il accorde des subventions aux agriculteurs et développe une politique des travaux publics afin d'employer une partie des chômeurs. Il instaure également des mesures protectionnistes avec une loi sur les tarifs douaniers, qui aura pour effet d'aggraver la crise.

La contagion européenne

Bien que la crise ait commencé aux États-Unis, elle s'internationalise peu de temps après et finit par toucher l'Europe, l'Amérique du Sud ou encore l'Océanie. Rares sont les pays à ne pas ressentir ses effets.

La chute du commerce international à partir de 1930 constitue l'un des principaux vecteurs de sa propagation sur les autres continents. En effet, en réduisant ses importations, les États-Unis provoquent une baisse des revenus de leurs pays partenaires et nuisent à leur productivité. Ces derniers réduisent à leur tour leurs importations, enclenchant ainsi un effet domino. Le volume du commerce international chute d'environ 25 %, de même que sa valeur qui diminue d'environ 60 % entre 1929 et 1932. Par ailleurs, la mise en place de mesures protectionnistes ou encore la dévaluation de certaines monnaies, comme la livre sterling, constituent d'autres facteurs de l'internationalisation de la crise.

En pleine reconstruction d'après-guerre, l'Europe est l'un des continents les plus touchés par la propagation de la crise économique. La république de Weimar (Allemagne), dont l'économie et la reconstruction reposent sur les financements provenant des États-Unis, est la première à en ressentir les effets. C'est également celle qui sera la plus durement touchée, les conséquences intenables de la crise débouchant sur l'éclatement de la Seconde Guerre mondiale (1939-1945). Après le krach boursier, le président Hoover décide de rapatrier les capitaux investis, ce qui représente 14 milliards $. Déjà fragilisées par la déroute des banques autrichiennes, les banques allemandes se retrouvent à court de liquidités alors que la population, en perte de confiance, retire le peu d'économies qui leur restent avant qu'une vague de faillites n'agite le milieu bancaire allemand. Au début de l'année 1932, la situation est catastrophique : les exportations chutent de 25 % entre 1929 et 1932 ; la production industrielle s'effondre ; les faillites se multiplient, et l'on compte désormais six millions de chômeurs.

LA MONTÉE DES TENSIONS ET LA SECONDE GUERRE MONDIALE

La politique étrangère de l'Allemagne nazie est explicite : Hitler désire rassembler toutes les minorités germaniques dans une Grande Allemagne pour ensuite poursuivre son expansion vers des territoires riches. Pour parvenir à ses fins, le Führer rétablit le service militaire et remilitarise la Rhénanie, deux dispositions qui, malgré la violation du traité de Versailles, ne soulèvent que quelques rares protestations de la part des démocraties européennes.

En octobre 1936, l'Allemagne nazie se rapproche de l'Italie fasciste de Mussolini (1883-1945) déjà mise au ban de l'Europe suite à l'invasion de l'Éthiopie en 1935. C'est la création de l'axe Rome-Berlin, un pacte élargi un mois plus tard au Japon. En mars 1938, la Wehrmacht occupe l'Autriche et réalise ainsi l'Anschluss, le rattachement de l'Allemagne et de l'Autriche. Hitler annexe, quelques mois plus tard, les Sudètes, peuplées par de nombreux Allemands, puis l'ensemble de la Tchécoslovaquie, de la Moravie et de la Bohème. Le point de non-retour est atteint après la signature du pacte secret germano-soviétique qui prévoit le partage de la Pologne entre les deux puissances. Son invasion provoque les déclarations de guerre du Royaume-Uni et de la France envers l'Axe. En outre les victoires fulgurantes de l'Allemagne en Europe provoquent l'indignation, notamment après la chute de Paris.

Soldats allemands défilant devant l'Arc de Triomphe le 14 juin 1940.

Toujours réticents à se mêler directement des affaires européennes malgré plusieurs attaques navales nazies, les États-Unis se limitent à soutenir le Royaume-Uni et, par la suite, l'URSS, en leur fournissant des armes. Le *casus belli* surgit lorsque le Japon attaque Pearl Harbor, les Philippines et la Malaisie en décembre 1941.

L'ATTAQUE DE PEARL HARBOR

Située sur l'île d'Oahu dans l'archipel d'Hawaii, la baie de Pearl Harbor est restée célèbre suite à son attaque surprise par l'armée aéronavale japonaise. Depuis plusieurs années, les relations entre Tokyo et Washington s'étaient dégradées suite à l'expansion japonaise en Asie. Le point de non-retour est atteint en 1940, lorsqu'un embargo commercial, décrété par les États-Unis et ses alliés, est instauré contre l'empire du Japon.

L'attaque surprise par les forces japonaises en 1941 visait la base navale de l'US Navy. Ce jour-là, dix navires de guerre sont coulés et 188 avions sont détruits. Au lendemain de l'attaque, le Congrès américain déclare la guerre à l'empire du Soleil-Levant. On voit alors se développer un fort sentiment antijaponais aux États-Unis, et bientôt les ressortissants du pays ou originaires de celui-ci sont enfermés dans des camps d'internement créés spécialement dans les États de l'Ouest. Il faudra attendre 1988 pour que le Congrès présente officiellement ses excuses à ce sujet.

Quelques jours après l'attaque, l'Allemagne nazie et l'Italie fasciste déclarent elles aussi la guerre aux États-Unis d'Amérique. Même si le pays se bat sur deux fronts simultanément, c'est le front européen qui constitue la priorité.

Pendant que le débarquement en Normandie se prépare, les troupes états-uniennes mènent des opérations en Sicile et en Afrique du Nord, avant de bombarder les grandes villes allemandes pour briser le moral de la population. Le débarquement a lieu le 6 juin 1944 sur cinq plages normandes. À la suite de cette opération, les villes françaises sont peu à peu libérées. Paris est finalement délivré le 24 août. L'invasion de la partie occidentale de l'Allemagne ne se fait qu'à partir de février 1945, alors que les troupes soviétiques sont déjà en Pologne et en Allemagne orientale. L'Armée rouge s'empare, quant à elle, de Berlin le 2 juin, et, six jours plus tard, l'Allemagne capitule.

Sur le front asiatique, il faut attendre le mois de mai 1942 et la bataille du Midway pour que la marine états-unienne prenne l'ascendant sur celle des Japonais. Les *marines* doivent alors reconquérir les îles du Pacifique, chacune étant défendue avec violence et acharnement par les forces nippones. La progression vers le Japon est lente et, même après le bombardement de Tokyo le 23 mai 1945 et sa quasi-destruction, l'empereur Hirohito (1901-1989) ne faiblit pas. Ce ne sont que les bombes atomiques de Hiroshima (6 août) et de Nagasaki (9 août), autorisées par le président Harry Truman, qui précipite la capitulation du Japon, annoncée le 12 août et signée le 2 septembre 1945.

FRANKLIN ROOSEVELT, GOUVERNEUR DE L'ÉTAT DE NEW YORK

En 1928, la population des États-Unis est conviée à une double élection : présidentielle et gubernatoriale. Bien qu'étant le gouverneur du plus puissant État du pays, New York, Al Smith (1873-1944) est battu aux élections présidentielles par le républicain Herbert Hoover. Au niveau étatique, Roosevelt remporte sur le fil le poste pour l'État de New York. Il entre en fonction le 1er janvier 1929.

L'IMPORTANCE DE L'ÉTAT DE NEW YORK AU SEIN DE L'UNION

Durant la première moitié du siècle dernier, l'État de New York constituait le véritable moteur de l'Union. Il était à la fois l'État le plus peuplé du pays et celui qui possédait le poids le plus important au niveau financier et économique en dominant des secteurs clés tels que l'industrie, le commerce et même l'agriculture. Diriger l'État le plus puissant de la nation revenait donc à s'élever sur le devant de la scène nationale.

Depuis la fin de la guerre, les démocrates et Al Smith évoluent en bonne place dans la sphère politique de New York. L'État connaît, durant les années vingt, de nombreuses réformes progressistes en matières sociales et fiscales ; c'est en effet l'un des rares États à ne pas être marqué par les mesures conservatrices prises par le Parti républicain au pouvoir. Entré en fonction, Roosevelt poursuit la politique progressiste de son prédécesseur tout en songeant aux prochaines élections. Ses deux principaux chevaux de bataille concernent la diminution du prix de l'électricité et les problèmes agricoles.

Mais rapidement, Roosevelt est confronté aux effets directs de la crise économique, l'État de New York étant l'un des plus touchés : le chômage monte en flèche frappant la grande ville jusqu'aux campagnes les plus reculées ; la misère sociale et économique devient omniprésente. Ce climat anime l'ensemble de la campagne gubernatoriale que remporte Roosevelt en janvier 1931. La singularité de sa campagne réside dans ses projets pour combattre la Grande Dépression : il désire en effet se démarquer des pratiques de Hoover et de Washington D.C. et poursuivre des actions progressistes tout en accordant une place centrale aux problèmes du chômage.

Dès 1930, Roosevelt crée une commission de stabilisation industrielle pour lutter contre les licenciements et protéger l'emploi, tandis que l'une de ses conseillères, Frances Perkins, s'occupe de la lutte contre le chômage. Lors de l'été 1931, Roosevelt met en place cinq mesures que les localités de l'État, alors en difficulté, devront appliquer :

- la création de la Temporary Emergency Relief Administration (TERA) dotée d'un budget de 20 millions $ pour assurer la distribution des vivres aux plus démunis ;
- une augmentation de 50 % de l'impôt sur le revenu versé à l'État de New York ;
- le financement des travaux publics par emprunts de trois ans contractés par les autorités locales ;
- l'amélioration des conditions de travail dans le secteur public (limitation à cinq jours de travail) ;
- le déblocage de 500 000 $ pour sortir les anciens combattants de la misère et leur permettre de consommer à nouveau.

La TERA, qui propose une nouvelle politique sociale, occupe une place centrale parmi les mesures préconisées par Roosevelt et constituera l'une des clés du New Deal. De nombreux États s'en inspireront.

En plus de l'indemnité de chômage (23 $ par mois permettant à une famille de manger correctement), elle offre des emplois. Son budget ne cessera de gonfler d'année en année.

FRANKLIN ROOSEVELT, PRÉSIDENT DES ÉTATS-UNIS D'AMÉRIQUE

Les élections de 1932 et l'entrée en fonction

Les conséquences politiques de la crise sont immédiates. Les électeurs désirent du changement et expriment leur volonté lors des législatives de 1930 au cours desquelles les républicains perdent de nombreux sièges au Congrès. Les élections de 1932 sont décisives : elles opposent le président sortant Herbert Hoover au candidat démocrate Franklin Roosevelt. Devenu très populaire durant son mandat de gouverneur, notamment grâce aux nombreuses actions prises pour lutter contre le chômage, Roosevelt promet une « nouvelle donne », le New Deal, pour aider le pays à sortir de la crise économique. L'abrogation de la Prohibition figure aussi parmi ses nombreuses promesses. Il symbolise l'activisme et convainc par son charisme, alors que Hoover et les républicains souffrent d'un cruel manque de crédibilité.

Franklin Roosevelt en campagne à Warm Springs en 1932.

Le Parti démocrate remporte les élections de novembre 1932 avec une majorité écrasante. Roosevelt devient le 32e président avec plus de sept millions de voix d'avance sur Herbert Hoover. Cette victoire s'accompagne par la mainmise du parti sur le pouvoir législatif puisqu'il occupe la majorité des sièges au sein des deux assemblées qui forment le Congrès, un élément essentiel pour que la nouvelle administration puisse redresser l'économie du pays.

Une politique économique interventionniste : le New Deal

Imaginée par le *Brain Trust* lors de la campagne présidentielle, la politique du New Deal est mise en route au lendemain de son investiture, alors que Roosevelt convoque le Congrès pour une séance exceptionnelle. La première phase s'étalera de 1933 à 1935. Pendant les trois mois qui suivront son entrée en fonction, les législateurs adopteront une quinzaine de lois afin d'enrayer la crise. Plus connue sous le nom des « 100 jours », cette période jette les bases du New Deal et montre l'intervention du pouvoir fédéral dans plusieurs secteurs de l'économie.

La première mesure concerne le secteur financier. Le 6 mars 1933, le Gouvernement ferme toutes les banques afin de mettre de l'ordre dans le chaos qui règne dans le système bancaire, de restaurer sa crédibilité et de stopper la fuite de l'or hors du pays. Le 9 mars, le président signe une loi, l'Emergency Banking Relief, qui auto-rise les banques solvables à rouvrir leurs portes dès le lendemain. Celles-ci sont en outre placées sous le contrôle de la Banque centrale. D'autres mesures solidifieront ce secteur par la suite, comme par exemple la distinction entre les banques de dépôt et celles d'affaires. En janvier 1934, suite à une récente inflation, le dollar subit une déva-luation, ce qui améliore la conjoncture.

Voté en mai 1933, l'Agricultural Adjustement Act (AAA) est la première intervention du Gouvernement dans le domaine agricole. Il consiste à faire remonter les prix suite à une réduction de la pro-duction et des terres cultivées ; les agriculteurs sont indemnisés en contrepartie.

Parallèlement à cette mesure, le National Industrial Recovery Act (NIRA), adopté en juin 1933, s'attaque au secteur industriel afin de tenter de résoudre ses excès. Une concurrence loyale est désor-mais prônée entre les entreprises pour éviter les faillites. Les prix sont contrôlés. Les entreprises souscrivent également à un code de bonne conduite qui impose de meilleures conditions de travail (des salaires minimums, un volume horaire maximal) et instaure la présence de syndicats. Toutes les entreprises qui adhèrent à cette décision apposent sur leurs marchandises l'Aigle bleu avec la mention « Nous faisons notre part ».

Femme apposant l'affiche de la campagne à la vitrine de son restaurant, vers 1934.

En mai 1933, le Congrès crée l'administration du Tennesse Valley Authority (TVA). Sa mission repose sur un vaste programme de planifications et d'aménagements au sein de cinq États autour du Tennessee, entre 1933 et 1939. Mobilisant une importante main-d'œuvre, ce projet novateur comprend la construction d'une vingtaine de barrages, ce qui aura pour effet de doubler la production d'électricité de la nation, d'assurer la navigation et le commerce sur le fleuve, et de permettre l'industrialisation de la région.

Pour lutter contre le chômage sans augmenter les dépenses fédérales, le Gouvernement crée le Civilian Conservations Corps (CCC) le 31 mars 1933. Le programme offre du travail dans la conservation de l'environnement à quelques 500 000 jeunes chômeurs âgés de 18 à 25 ans, entre 1933 et 1942.

L'autre projet d'envergure promu par le Congrès en mai 1933 vise à transposer le TERA new-yorkais au niveau fédéral sous le nom de Federal Emergency Relief Administration (FERA). Sa direction est confiée à Harry Hopkins. Cet organe doté de 500 millions $ aide financièrement les collectivités locales et les États à fournir des allocations aux personnes en difficulté et à créer de l'emploi dans le secteur des travaux publics. Le NIRA, qui prévoyait également un programme de lutte contre le chômage, le Public Work Administration (PWA), confié au ministre de l'Intérieur Harold Ickes (1874-1952), entre en concurrence avec ce dernier programme. Dès novembre 1933 est alors créé la Civil Works Administration (CWA), confiée à Harry Hopkins, qui peut directement intervenir auprès des chômeurs en créant de l'emploi ; le CWA emploie plus de quatre millions de personnes, rénove et construit des milliers de kilomètres de routes, d'écoles, de stades, et bien d'autres infrastructures.

Vers le milieu de l'année 1934, le premier élan du New Deal s'estompe alors que la conjoncture s'améliore doucement. Plus aucune grande loi n'est votée et certains programmes sont arrêtés par le Gouvernement, comme le CWA, soupçonné de corruption au printemps 1934, tandis que d'autres, comme le NIRA (arrêté en 1935) et l'AAA (arrêté en 1936), sont jugés inconstitutionnels par la Cour suprême. On voit également apparaître une opposition au New Deal au sein de plusieurs mouvements, et l'ancien président n'hésite pas à qualifier ces mesures de fascistes et à affirmer que le *Brain Trust* serait d'obédience communiste. Malgré cela, le Gouvernement perçoit la nécessité de poursuivre les réformes.

À la suite de l'annulation et de la fermeture de certains programmes, il est nécessaire de trouver de nouvelles solutions pour combattre la crise : c'est la deuxième phase du New Deal qui s'étalera de 1935 à 1938. Les réformes progressistes du début du New Deal ne suffisant plus, le Gouvernement opte pour des mesures qu'il qualifie de libérales mais qui, en réalité, se rapprochent fort des idéologies de gauche.

Dès avril 1935, la Works Public Administration (WPA) est créée pour remplacer la CWA dissoute quelques mois auparavant. Son fonctionnement est similaire, et sa direction est à nouveau assurée par Harry Hopkins. Elle dispose de plus de moyens et offre du travail à huit millions de personnes dans les secteurs des travaux publics, de la construction et de la culture. Parallèlement, l'indépendance des syndicats est instaurée, malgré une opposition virulente, grâce à l'adoption par le Congrès du National Labor Relations Act. Cette loi remplace les dispositions abrogées du NIRA.

Cette période est également marquée par des progrès sociaux avec l'instauration d'allocations de chômage et de retraite auxquelles peuvent prétendre ceux qui ont déjà travaillé. Sous l'impulsion du ministre du Trésor et du directeur de la Banque centrale, des réformes sont votées par le Congrès. Elles prévoient d'un côté une réforme fiscale instaurant une plus grande justice sociale, et de l'autre une augmentation des pouvoirs de la Banque centrale pour faciliter le financement des dépenses fédérales.

L'année suivante est marquée par les attaques de la Cour suprême contre les dispositions du New Deal. L'AAA est déclaré inconstitutionnel. Afin de poursuivre cette mesure, le Gouvernement attribue des indemnités non plus pour diminuer la surface cultivable, mais pour encourager la mise en jachère d'une partie de l'exploitation agricole. Malgré les nombreuses attaques des républicains qui dénoncent une politique proche du communisme, Roosevelt est plébiscité pour un second mandat présidentiel en novembre 1936. Dès sa réélection, il mène une croisade contre la Cour suprême qui ne cesse d'invalider certaines mesures du New Deal : il réforme le nombre de juges dans l'ensemble des cours et place des personnes favorables à sa politique libérale au sein de la Cour suprême. Cette bataille juridique monopolise l'attention pendant une très large partie de l'année 1937 au détriment d'une conjoncture économique qui semble se porter mieux.

Sous la pression des conservateurs, l'amélioration de la situation amène le Gouvernement à réduire ses dépenses fédérales. Des coupes budgétaires sont réalisées dans le financement de la WPA, mettant au chômage plus d'un million de travailleurs, tandis que les décisions de la Banque centrale provoquent une hausse des intérêts des crédits. Les conséquences ne se font pas attendre : les entreprises diminuent leurs investissements, et les prix chutent ; le pays sombre une fois de plus dans une récession imprévue. Au printemps 1938, les États-Unis comptent à nouveau 20 % de chômeurs. Perkins et Eccles finissent par comprendre que cette rechute est due aux coupes réalisées afin de réduire le déficit budgétaire.

LES THÉORIES DE KEYNES

John Maynard Keynes (économiste britannique, 1883-1946) est l'auteur de *La théorie générale de l'emploi, de l'intérêt et de la monnaie* publiée en 1936. Ses réflexions portent sur l'équilibre du budget. Alors que les Gouvernements cherchent à équilibrer leurs dépenses avec leurs recettes, Keynes prône le déséquilibre budgétaire. Sa conception vise à injecter de l'argent dans l'économie pour créer de l'emploi afin d'augmenter le pouvoir d'achat de la population et ainsi relancer la consommation.

Les théories de Keynes bénéficient de plus en plus de crédits, et Roosevelt finit par être lui-même convaincu. Le maintien de l'équilibre budgétaire n'est désormais plus l'une de ses priorités.

Le Gouvernement augmente alors les dépenses fédérales pour relancer la consommation en octroyant notamment d'importants budgets à la WPA et la PWA. La reprise économique a rapidement lieu, mais le taux de chômage reste important : on compte neuf millions de chômeurs en 1939. Ce n'est que l'année suivante que l'on constate une diminution importante du chômage lorsque le pays se lance dans la production d'armes pour le Royaume-Uni et ensuite pour son propre compte. En 1941, on ne compte plus que 5,5 millions de chômeurs.

La Seconde Guerre mondiale

À partir de 1936, les affaires étrangères occupent une place de plus en plus importante, même si le pays reste fidèle à sa politique internationale de non-intervention. Un revirement s'initie en 1939 lors de l'amendement du Neutrality Act. Depuis 1935, cet acte interdisait d'envoyer des armes et d'octroyer des prêts aux pays en guerre. Une première avancée est réalisée en 1937 avec la clause du *Cash and Carry* qui permet aux belligérants d'acheter des produits et de les transporter depuis les États-Unis. En 1939, cette clause est élargie aux armes et permet au Royaume-Uni et à la France de s'approvisionner en matériel militaire.

Le soutien aux pays en guerre contre les totalitarismes s'intensifie après la débâcle française de juin 1940. Roosevelt fait tout ce qu'il peut pour soutenir le Royaume-Uni, désormais seul contre l'Allemagne nazie. C'est dans ce contexte fort agité qu'il est réélu pour un troisième mandat présidentiel en novembre 1944. Dès le mois de décembre de la même année, la coopération avec le Royaume-Uni s'organise davantage et les échanges avec Churchill, devenu Premier ministre en mai 1940, s'intensifient. La loi du prêt-bail permet de fournir du matériel militaire et des aides financières au Royaume-Uni et, dès juin 1941, à l'URSS.

Roosevelt et Churchill en 1944.

La production d'équipement de guerre, pour les Alliés dans un premier temps, puis pour se préparer eux-mêmes à l'affrontement, devient la priorité des États-Unis et se révèle bénéfique pour lutter contre le chômage et relancer l'économie. Les programmes d'armement qui vont se succéder pendant le conflit permettent de faire sortir des usines plus de 171 000 avions, 90 000 chars, 1 200 navires, 320 000 pièces d'artilleries, 4 millions de tonnes de munitions, 15 millions d'armes.

En août 1941, alors que les États-Unis ne sont pas encore en guerre, Roosevelt rencontre Churchill au large de Terre-Neuve (Canada). Cette rencontre, qui renforce les liens entre les deux nations, débouche sur la charte de l'Atlantique dont l'un des points prévoit notamment la création d'une nouvelle Société des Nations. Les États-Unis ne sont plus totalement neutres dans le conflit, même si le président a promis lors de sa réélection que les *boys* ne partiront pas combattre en Europe. Mais tout bascule suite à l'attaque de la base navale de Pearl Harbor en décembre 1941.

Roosevelt signant la déclaration de guerre contre le Japon, le 8 décembre 1941.

À partir de ce moment, le Congrès dote Roosevelt de pouvoirs extraordinaires qui lui permettent d'orienter ses décisions en fonction des besoins économiques, stratégiques et militaires. Bien que ses compétences stratégiques soient limitées, Roosevelt expose et milite pour ses plans lors de plusieurs conférences interalliées durant lesquelles il rencontre régulièrement Churchill et Staline ainsi que d'autres chefs d'États alliés.

La deuxième conférence de Moscou qui a lieu en août 1942 prévoit la campagne en Afrique du Nord pour stopper l'avancée de l'Afrikakorps (forces allemandes envoyées en Afrique du Nord) à laquelle Roosevelt attache une importance capitale. Il envoie donc des troupes en Europe qui remportent quelques victoires dans le Maghreb. En janvier 1943, la conférence de Casablanca prépare d'autres mesures et opérations décisives. Lors de cette réunion, Roosevelt impose la notion de capitulation sans condition aux nations de l'Axe, alors que Churchill souhaite plus de souplesse. La conférence vise également à préparer le débarquement et la campagne d'Italie, qui provoqueront la chute de Mussolini. Quelques mois plus tard a lieu la conférence du Caire où se rencontrent Roosevelt, Churchill et Tchang Kaï-chek (homme d'État chinois, 1887-1975) et qui prévoit des mesures à l'encontre du Japon, comme la dépossession des îles et territoires occupés. La conférence de Téhéran, qui suit quelques jours plus tard, réunit pour la première fois les trois Grands (Roosevelt, Churchill et Staline), et vise à préparer un débarquement des forces alliées. Mais, alors que Churchill préfère réitérer ce type d'opération dans les Balkans, Roosevelt prône un débarquement sur les côtes françaises. L'appui de Staline à la proposition états-unienne permet la préparation du débarquement de Normandie fixé au printemps 1944.

En février 1945, quelques mois avant la fin du conflit, Staline, Churchill et Roosevelt se retrouvent une nouvelle fois pour planifier la fin de la guerre contre l'Allemagne et le Japon. L'Armée rouge n'est plus qu'à une centaine de kilomètres de Berlin, ce qui donne à Staline une position de force dans les négociations. Les principales résolutions de la conférence portent sur l'entrée en guerre de l'URSS contre le Japon après la défaite de l'Allemagne ; la destruction du nazisme et de la puissance militaire allemande ; le partage de l'Allemagne entre les trois vainqueurs ; la délimitation territoriale de certains États européens ; et enfin la création de l'Organisation des Nation unies (ONU). Cette dernière, à laquelle siègeront les quatre grands vainqueurs de la Seconde Guerre mondiale (l'URSS, les États-Unis d'Amérique, le Royaume-Uni et la Chine), aura pour mission d'assurer la paix et de régir les relations internationales. La création de l'ONU et l'aide soviétique contre le Japon sont des enjeux si essentiels aux yeux de Roosevelt qu'il s'abstient de négocier lors des revendications territoriales exprimées par Staline.

RÉPERCUSSIONS

LA CRÉATION DE L'ONU

La nécessité de trouver une solution face à l'échec de la SDN – qui n'a pas pu éviter la Seconde Guerre mondiale – est primordiale. La création de l'ONU est l'un des grands projets de Roosevelt, pour lequel il milite dès sa campagne à la vice-présidence en 1920.

Au début du conflit, il travaille à la fondation d'un organisme international dont le rôle premier serait d'assurer la paix et de résoudre les problèmes internationaux. Il cherche ensuite à rallier autour de son projet les grandes nations lors des nombreuses conférences réunissant les Alliés. Cette volonté aurait pu vaciller avec la disparition de Roosevelt, mais son successeur, Truman, partage le même point de vue, ce qui permet de continuer sur cette voie tout en ayant, à la différence de Wilson, le soutien du Congrès.

Le 25 avril 1945, moins d'un mois après le décès de Roosevelt, 50 nations qui ont combattu l'Axe se réunissent à San Francisco pour participer à la séance inaugurale de l'Organisation des Nations unies. L'établissement de la charte des Nations unies nécessite deux mois d'âpres discussions entre les différentes délégations. Les résultats obtenus lors des conférences préparatoires comme celle de Yalta sont toutefois respectées.

Le Conseil de sécurité est composé de onze membres dont cinq sont permanents, à savoir les quatre Grands et la France. Les décisions sont prises à la majorité de sept voix, mais un droit de veto est accordé aux cinq membres permanents afin de stopper l'une ou l'autre décision du Conseil.

LES DÉBUTS DE LA GUERRE FROIDE ET LA POLITIQUE INTERVENTIONNISTE DES ÉTATS-UNIS

La Seconde Guerre mondiale n'est pas encore totalement terminée que l'entente entre les Alliés vacille. Deux blocs idéologiques antagonistes apparaissent, l'un dominé par les États-Unis, l'autre par l'URSS. La perte de confiance au sein de l'alliance est à imputer à plusieurs enjeux géopolitiques.

À la suite de la conférence de Postdam (juillet-août 1945), l'Allemagne est ramenée à ses frontières de 1937, c'est-à-dire avant les premières conquêtes nazies. Elle est ensuite partagée en quatre zones d'influence entre l'URSS, les États-Unis, le Royaume-Uni et la France. Berlin est également divisé. Des tensions entre ces zones administrées par les deux blocs apparaissent rapidement et débouchent en 1949 sur la création de la République fédérale allemande (RFA) et la République démocratique allemande (RDA).

Le sort réservé à l'Europe de l'Est occupée par l'Armée rouge après sa libération du joug nazi préoccupe les Occidentaux. Il constitue le second point de discorde entre les deux blocs. La Pologne, la Hongrie, la Bulgarie, la Roumanie et la Tchécoslovaquie ont désormais basculé du côté soviétique. Si des mouvements communistes prosoviétiques ont tout d'abord été associés au pouvoir avec d'autres partis politiques, ces coalitions ne durent pas et, entre 1945 et 1947, les partis communistes finissent par s'emparer du pouvoir. L'extension de la sphère d'influence soviétique au sein de l'Europe ainsi que l'établissement d'une zone tampon protégeant les frontières de l'URSS inquiètent les dirigeants occidentaux. Le monde est bel et bien divisé en deux. Cette opposition est cristallisée par la célèbre métaphore du rideau de fer.

L'accentuation des tensions entre les deux blocs amène le président américain, Harry Truman, à concevoir la doctrine Truman, qui a pour but d'aider économiquement les démocraties d'Europe occidentale à se reconstruire après la Seconde Guerre mondiale et à lutter contre la faim en envoyant des denrées alimentaires. Cette aide est symbolisée par le plan Marshall dont le but est d'endiguer la croissance des partis communistes afin de consolider les alliances politiques et assurer un marché solvable aux entreprises états-uniennes qui y écoulent leur production. Le second volet repose sur des aides financières accordées aux pays victimes des pressions de l'URSS comme la Grèce et la Turquie. La résistance de ces deux pays est primordiale aux yeux des Britanniques et des États-uniens puisqu'elle permet d'éviter que l'influence soviétique ne gagne le Proche-Orient et que l'URSS ne s'empare du pétrole et n'atteigne les mers chaudes.

D'autres événements, comme le coup de Prague en février 1948 ou le blocus de Berlin entre juin 1948 et mai 1949, conduisent les États-Unis à rompre définitivement avec leurs traditions en matière de relations extérieures. Le besoin d'une alliance défensive se fait ressentir et débouche sur la création de l'OTAN (Organisation du traité de l'Atlantique Nord) en avril 1949. La guerre froide est bel et bien lancée...

UNE SITUATION SOCIO-ÉCONOMIQUE FLORISSANTE

La dépression économique des années trente n'est plus qu'un lointain et mauvais souvenir après la guerre. La production nécessaire aux opérations militaires a fait sortir l'économie états-unienne de la crise et a accru le besoin de main-d'œuvre. En 1945, les États-Unis possèdent désormais l'économie la plus puissante du monde. Certains secteurs ont prospéré durant la guerre ; c'est le cas notamment de l'agriculture. Au niveau industriel, ce sont les innovations technologiques, comme le nylon et les matières plastiques, ainsi que la reprise des secteurs d'activités créés dans les années vingt qui caractérisent l'après-guerre.

Cette période est également marquée par la poursuite de certaines actions menées par Roosevelt. Truman développe en effet des programmes visant à assurer le plein-emploi, à augmenter les salaires minimum, à améliorer la sécurité sociale, etc. Il doit en outre assurer le passage d'une économie de guerre à une économie de paix, tout en étant confronté à l'ampleur de la démobilisation. Le nombre de soldats passe de 12 à 3 millions entre 1945 et 1946. Pour assurer leur réintégration dans la société, le Gouvernement fédéral s'engage à leur trouver du travail et promulgue le G.I. Bill of Rights en juin 1944, une loi qui prévoit toute une série de dispositions et d'aides financières à leur égard.

L'OUVERTURE D'UNE ÈRE DÉMOCRATE ET LE RENFORCEMENT DE LA PRÉSIDENCE

L'accession de Roosevelt au pouvoir en 1933 représente une grande victoire pour le Parti démocrate, qui avait été écarté du pouvoir durant plus 20 ans. Roosevelt est en outre élu à quatre reprises, ce qui constitue un record qui ne pourra jamais être égalé puisque le XXIIe amendement de la Constitution (adopté en 1947 et ratifié par le Congrès en 1951) limite le nombre de mandats présidentiels à deux.

Surnommé le boss par ses collaborateurs, Franklin Roosevelt a mis en place une présidence plus moderne. Il a en effet affirmé le rôle du président de la nation en créant le White House Staff en 1939, un organisme qui regroupe des conseillers qui aident le président et son cabinet à prendre des décisions. Roosevelt a également accru le pouvoir de certaines agences gouvernementales. Cette dynamique sera poursuivie sous la présidence de Truman.

Lors de ces quatre mandats présidentiels, Franklin Roosevelt a sorti son pays de deux des plus importantes crises du XXe siècle : l'une socio-économique avec la Grande Dépression des années trente, l'autre internationale avec l'engagement dans la Seconde Guerre mondiale. À la suite du conflit, les États-Unis d'Amérique se sont renforcés au point de devenir l'une des deux superpuissances mondiales et de jouir d'un rôle prépondérant sur la scène internationale.

1882
30 janv. : Naissance de Franklin Roosevelt

1910
Franklin Roosevelt se lance en politique

1911-1912
Franklin Roosevelt est sénateur
de l'État de New York

1913-1921
Franklin Roosevelt est
secrétaire adjoint à la Marine

1914-1918
Première Guerre mondiale

1920
Franklin Roosevelt est candidat
à la vice-présidence

1921
Franklin Roosevelt est atteint de poliomyélite
et est contraint de mettre sa carrière
entre parenthèses

1928
Franklin Roosevelt est élu gouverneur
de l'État de New York

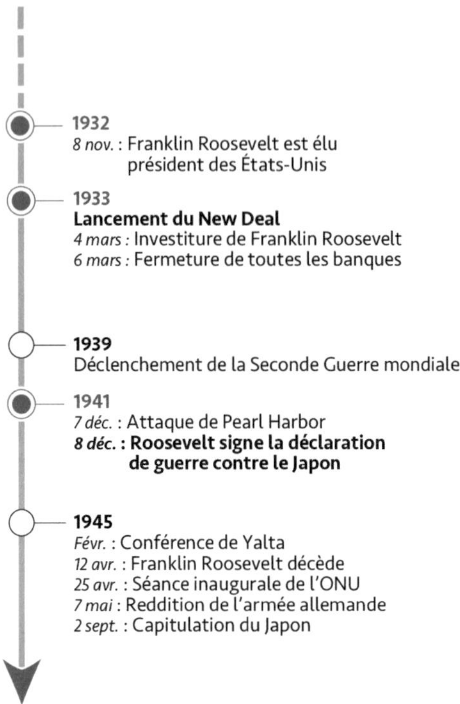

- Franklin Roosevelt naît le 30 janvier 1882 à Hyde Park dans une famille appartenant à l'élite. Après avoir bénéficié de gouvernantes, il effectue son cursus scolaire dans des établissements prestigieux tels que la Groton School, Harvard et Columbia.

- En 1910, il intègre le Parti démocrate et, l'année suivante, il devient sénateur de l'État de New York.

- Neuf ans plus tard, il devient secrétaire adjoint à la marine sous la présidence de Woodrow Wilson. Son implication lors de la Première Guerre mondiale est remarquée, et il est bientôt choisi par son parti pour le représenter à la vice-présidence en 1920.

- En 1921, il contracte une maladie qui lui paralyse les membres inférieurs et qui l'oblige à quitter le devant de la scène politique pendant quelque temps. Il vit avec cette maladie jusqu'à la fin de ses jours. Pour se déplacer, il utilise un fauteuil roulant, des cannes, des attelles et s'appuie souvent sur l'un de ses fils ou conseillers lorsqu'il doit se tenir debout.

- Entre 1928 et 1932, il est gouverneur de l'État de New York. Il est alors confronté aux problèmes de crises économiques qui font suite au krach boursier de 1929. L'une de ses actions majeures est l'établissement de la TERA pour lutter contre le chômage.

- En 1933, il est élu à la présidence des États-Unis d'Amérique. Par la suite, seul président à avoir été élu à quatre reprises, il restera à la tête du pays pendant une dizaine d'années.

- Pour combattre la Grande Dépression, il met en place une politique économique, le New Deal, qui se veut volontariste, interventionniste et progressiste. Dans un premier temps, les mesures visent à endiguer la crise et à réorganiser les secteurs touchés. Elles se focalisent ensuite sur la lutte contre le chômage au moyen de plusieurs programmes largement financés par le fédéral.

- Après l'attaque de Pearl Harbor par l'Empire japonais, il signe l'entrée en guerre des États-Unis dans la Seconde Guerre mondiale. Durant cette période, il rencontre de nombreux dirigeants alliés avec lesquels il met au point des campagnes pour lutter contre l'Allemagne nazie. Parmi les résolutions prises, il y a notamment l'aide en matériel de guerre fournie au Royaume-Uni et à l'URSS, la capitulation sans condition, le débarquement de Normandie ou encore la création de l'ONU, dont l'accord est obtenu lors de la conférence de Yalta.

- Il décède le 12 avril 1945 dans sa propriété de Warm Springs (Géorgie), quelques jours seulement avant la séance inaugurale de l'ONU et quelques mois avant la capitulation de l'Allemagne et du Japon.

POUR ALLER PLUS LOIN

SOURCES BIBLIOGRAPHIQUES

- KASPI (André), *Franklin D. Roosevelt*, Paris, Fayard, 1988.
- KASPI (André), *Franklin D. Roosevelt*, Paris, Librairie Arthème Fayard, 2012.
- KASPI (André), Les *Américains : Naissance et essor des États-Unis (1607-1945)*, tome 1, Paris, Points, coll. « Points Histoire », 2014.
- KASPI (André), *Les Américains : Les États-Unis de 1945 à nos jours*, tome 2, Paris, Points, coll. « Points Histoire », 2014.
- PORTES (Jacques), *Histoire des États-Unis de 1776 à nos jours*, Paris, Armand Colin, coll. « U », 2013.
- ROBERT Frédéric (dir.), *Les années Roosevelt (1932-1945) : entre New Deal et « Home Front »*, Paris, Ellipses Editions, 2013.

SOURCES ICONOGRAPHIQUES

- Photo de Franklin Roosevelt prise à la Groton School alors qu'il avait 18 ans. La photo reproduite est réputée libre de droits.
- Portrait de Franklin Roosevelt réalisé en 1913 alors qu'il était secrétaire adjoint de l'US Navy. La photo reproduite est réputée libre de droits.
- Attaque de Pearl Harbor. La photo reproduite est réputée libre de droits.
- La conférence de Yalta, février 1945. © US Army Signal Cops.
- Procession funéraire de Franklin Roosevelt. La photo reproduite est réputée libre de droits.
- Le président Woodrow Wilson posant la question de l'entrée en guerre des États-Unis au Congrès, le 2 avril 1917. © The Library of Congress.

- Employés travaillant à la chaîne dans l'usine Ford. La photo reproduite est réputée libre de droits.
- La police de Détroit examinant les équipements d'une brasserie clandestine. La photo reproduite est réputée libre de droits.
- Cliché d'un Hooverville situé dans l'Oregon. La photo reproduite est reputée libre de droits.
- Soldats allemands défilant devant l'Arc de Triomphe le 14 juin 1940. © Bundesarchiv.
- Franklin Roosevelt en campagne à Warm Springs en 1932. © Presidential Libary & Museum.
- Femme apposant l'affiche de la campagne à la vitrine de son restaurant, vers 1934. © National Archives and Records Administration.
- Roosevelt et Churchill en 1944. © National Archives and Records Administration.
- Roosevelt signant la déclaration de guerre contre le Japon, le 8 décembre 1941. © Abbie Rowe.

DOCUMENTAIRES

- *1929, La crise*, documentaire de William Karel, France, 2009.
- *1929, La grande dépression*, documentaire de William Karel, France, 2009.
- *Apocalypse, la Seconde Guerre mondiale*, film documentaire d'Isabelle Clarke et Daniel Costelle, France, 2009.
- *1945. Réunions secrète à Yalta*, documentaire de Serge Viallet, France, 2012.

www.50minutes.com

Éditeur responsable : Lemaitre Publishing
Avenue de la Couronne 382 | BE-1050 Bruxelles
info@lemaitre-editions.com

ISBN ebook : 978-2-8062-7834-0
ISBN papier : 978-2-8062-7835-7
Dépôt légal : D/2016/12603/165
Photo de couverture : © Library of Congress.

Conception numérique : Primento,
le partenaire numérique des éditeurs